Im ganzen Haus duftet es herrlich wie in
einer Bäckerei. Hanna liebt es, mit ihrem
Papa zu backen. Und am allerliebsten probiert
sie die süßen Kuchen sofort, wenn sie frisch
aus dem Ofen kommen — auch wenn es noch
Frühstückszeit ist. „Das kann man schon mal
machen", sagt Papa, „wenn's nicht jeden Tag ist."

CYNTHIA CLIFF

KUCHEN zum FRÜHSTÜCK

LECKERE BACKREZEPTE FÜR KINDER

PRESTEL

München · London · New York

Beim Essen hat Hanna eine Idee: „Ich könnte einen Kuchenverkauf für das Schulfest organisieren!". Von den Einnahmen des letzten Festes wurden neue Spielgeräte für den Schulhof angeschafft. Dieses Jahr wird für die Schulbücherei gesammelt und Hanna liebt die Bücherei über alles.

„Ich werde alle meine Freunde fragen, ob sie mitmachen, damit wir möglichst viel verkaufen können. Das wird eine richtige Kinderbäckerei!", sagt Hanna.

Hanna und ihre Freundin Amelia haben
Brombeeren auf dem Markt gekauft.
Sie lieben Streusel und backen einen
knusprigen Obstkuchen damit.

BROMBEER-STREUSEL-KUCHEN

1.

Heize den Ofen auf 180 °C vor. Fette und mehle Boden und Rand deiner Springform. Gib 60 g Butter in einen kleinen Topf und schmelze sie auf dem Herd bei kleiner Hitze mit Hilfe eines Erwachsenen und lass sie abkühlen.

2.

Vermische Mehl, Zucker, Backpulver, Vanillezucker und Salz in einer Schüssel. Füge dann abgekühlte Butter, Milch und Ei hinzu und rühre den Teig gut durch.

3.

Fülle den Teig in die Form und verteile die Beeren gleichmäßig darauf.

4.

Für die Streusel schmilzt du die Butter wie zuvor und mischst Zucker, Zimt und Mehl dazu. Zerkrümele alles mit den Fingern und verteile die Streusel über den Beeren. Backe den Kuchen 45–55 Minuten, bis ein Messer, das du in die Mitte stichst, sauber herauskommt.

Ergibt einen Kuchen von 26 cm Durchmesser

ZUTATEN TEIG

60 g **Butter**
210 g **Mehl**
150 g **Zucker**
2 TL **Backpulver**
1 Pck. **Vanillezucker**
1 Prise **Salz**
160 ml **Milch**
1 **Ei (Größe L)**

ZUTATEN BELAG

300 g **Brombeeren**
60 g **Butter**
100 g **Zucker**
½ TL **Zimt**
45 g **Mehl**

Tim und sein jüngerer Bruder Theo
wollen zusammen Muffins backen.
Eine große Hilfe ist Theo aber
leider noch nicht.

BIRNEN-INGWER-MUFFINS

Ergibt 12 Muffins oder 24 Mini-Muffins

ZUTATEN

240 g **Mehl**

1 TL **Backpulver**

1 gestr. TL **gemahlener Ingwer**

1 Prise **Salz**

130 g **weiche Butter**

100 g **brauner Zucker**

20 g **Zucker**

1 Pck. **Vanillezucker**

40 ml **Milch**

2 **Eier (Größe M)**

1 TL **Ingwerwurzel,**
geschält und gerieben

2 **reife Birnen**

1.

Heize den Ofen auf 160 °C vor. Mische Mehl, Backpulver, gemahlenen Ingwer und Salz in einer Schüssel.

2.

Jetzt kannst du mithilfe eines Erwachsenen einen Mixer benutzen. Schlage in einer großen Schüssel Butter, Zucker und Vanillezucker, bis die Masse hell und schaumig geworden ist. Füge Milch und Eier hinzu und verrühre alles gut. Gib nun die Mehlmischung hinzu und vermenge alles zu einem zähflüssigen Teig.

3.

Schäle mithilfe eines Erwachsenen die Birnen, entkerne und schneide sie in kleine Würfel. Mische die Birnen und den geriebenen Ingwer vorsichtig in den Teig.

4.

Lege die Mulden des Muffinblechs mit Papierförmchen aus und befülle sie alle gleichmäßig mit einem Esslöffel. Backe die Muffins 30–35 Minuten (die Mini-Muffins 20–25 Minuten) goldgelb.

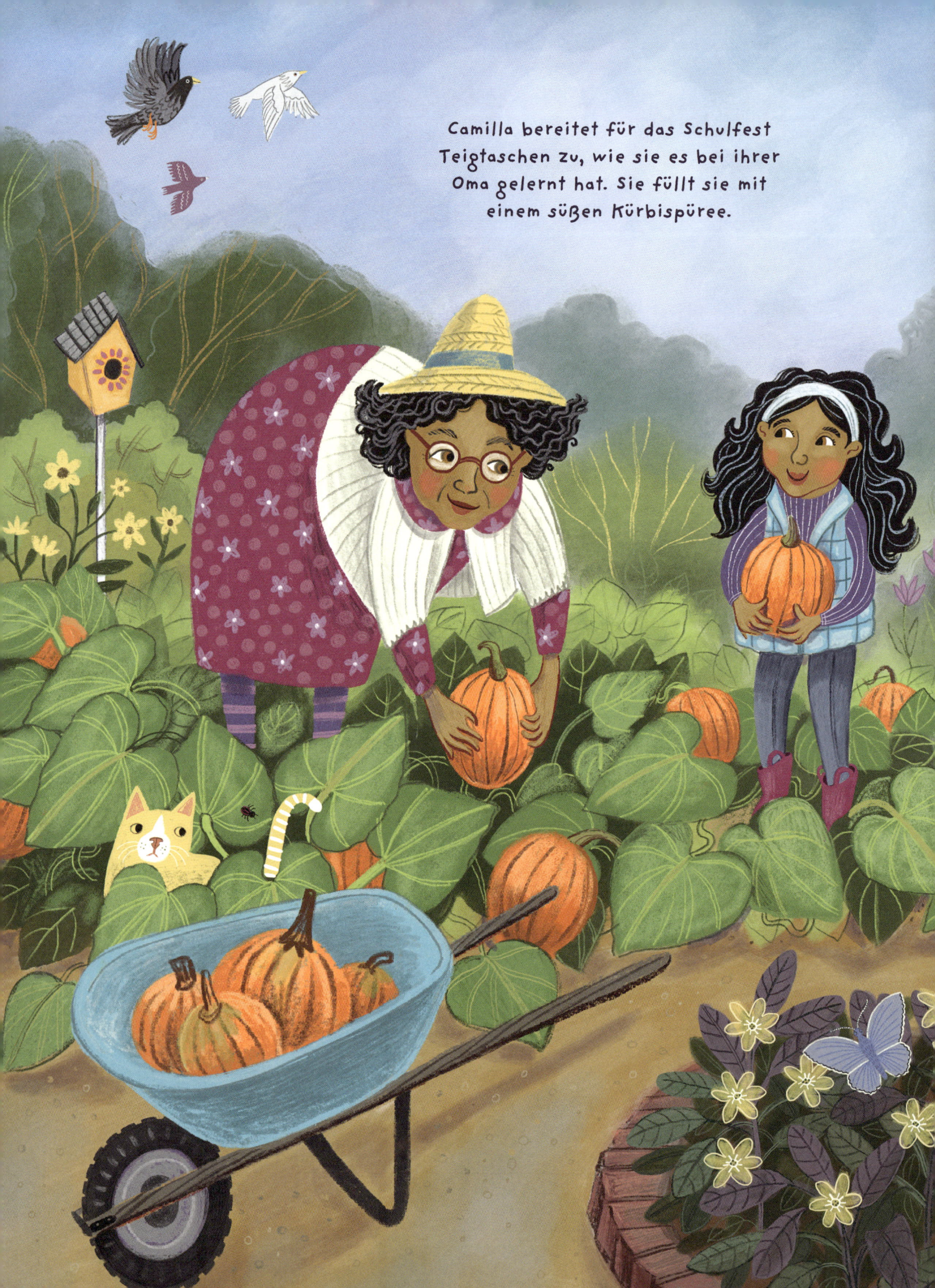

Camilla bereitet für das Schulfest
Teigtaschen zu, wie sie es bei ihrer
Oma gelernt hat. Sie füllt sie mit
einem süßen Kürbispüree.

KÜRBIS-EMPANADAS

Ergibt 8–10 Teigtaschen

ZUTATEN TEIG

1 Rolle frischer Quiche-
oder Tarte-Teig (Kühlregal)

ZUTATEN FÜLLUNG

115 g Kürbispüree (Babynahrung
oder zerdrückte Kürbistücke aus
dem Glas)
25 g brauner Zucker
½ TL Schlagsahne
½ TL Zimt
¼ TL Piment

ZUTATEN GLASUR

1 Ei
½ EL Zucker
½ TL Zimt

1.

Heize den Ofen auf 200 °C vor.
Verrühre alle Zutaten für die Füllung
in einer Schüssel.

2.

Rolle den fertigen Teig aus und stich
daraus mit einem Glas oder einer Tasse
Kreise von 9–10 cm Durchmesser
eng an eng aus.

3.

Setze in jeden Teigkreis mittig einen
Esslöffel der Füllung. Bestreiche die
Außenkanten der Kreise mit Wasser und
klappe sie zu Halbmonden zusammen.
Drücke die Kanten mit den Zinken
einer Gabel zusammen und mache
in die Oberfläche jeder Tasche drei
kleine Einschnitte, damit der Dampf
entweichen kann.

4.

Lege die Teigtaschen mit etwas Abstand
auf ein mit Backpapier ausgelegtes
Backblech. Verschlage das Ei mit einem
Teelöffel Wasser. Vermenge Zucker und
Zimt. Bepinsele jede Teigtasche mit Glasur,
streue Zimtzucker darauf und backe die
Empanadas 20 Minuten hellbraun.

Anna hat sich für etwas ausgefallenere Kekse mit geraspelten Zucchini entschieden. Ihr Vater will sie trotzdem probieren, weil seine geliebten Schokostückchen drin sind.

SCHOKO-COOKIES mit ZUCCHINI

Ergibt etwa 20 Kekse

ZUTATEN

80 ml Pflanzenöl
1 Ei (Größe L)
1 Pck. Vanillezucker
70 g brauner Zucker
120 g feine Haferflocken
140 g Mehl
½ TL Backpulver
¼ TL Natron
½ TL Zimt
¼ TL geriebene Muskatnuss
½ TL Salz
85 g Schokotröpfchen
230 g Zucchini, fein geraspelt
65 g gehackte Walnüsse (nach Wunsch)

1.

Heize den Ofen auf 180 °C vor.
Verschlage in einer großen Schüssel Öl und Ei.
Füge Vanillezucker und braunen Zucker hinzu
und verrühre alles gründlich.

2.

Vermische in einer anderen Schüssel die
trockenen Zutaten Haferflocken, Mehl,
Backpulver, Natron, Zimt, Muskat und Salz.

3.

Gib die trockenen Zutaten zur Ölmischung
und verrühre alles, bis ein glatter
Teig entsteht. Nun noch die Schokotröpfchen
und ggf. die Walnüsse hinzugeben.
Zum Schluss mengst du die geraspelten
Zucchini vorsichtig unter den festen Teig.

4.

Forme daraus Tischtennisball-große Kugeln
und lege sie mit etwas Abstand zueinander
auf ein mit Backpapier ausgelegtes
Backblech. Backe die Kekse 13–14 Minuten,
bis sie goldgelb sind.

Daniels ganze Familie liebt Schokolade — vor allem seine kleine Schwester. Deshalb hat er sich für eine Schokotorte mit veganen Zutaten entschieden.

VEGANE SCHOKOLADENTORTE

1.

Heize den Ofen auf 180 °C vor. Fette und mehle zwei Springformen von 26 cm (oder nimm eine Form und backe nacheinander zwei Böden). Mische in einer kleinen Schüssel Hafermilch und Essig und lass die Milch stocken. Inzwischen mischst du in einer großen Schüssel Mehl, Zucker, Vanillezucker, Kakao, Backpulver, Natron und Salz. Verrühre in einer weiteren Schüssel Kokosöl, Apfelmark und die gestockte Milch und vermenge alles gründlich mit der Mehlmischung.

2.

Gieße mit der Hilfe eines Erwachsenen das kochende Wasser nach und nach zum Teig und rühre weiter. Der Teig ist eher flüssig. Halbiere ihn, fülle je die Hälfte in eine Springform und backe die Tortenböden 30–35 Minuten. Ein in die Mitte gestochener Holzzahnstocher muss sauber wieder herauskommen.

3.

Verrühre alle Zutaten für die Creme und schlage sie auf, bis eine glatte Masse entstanden ist. Löse die abgekühlten Böden aus den Formen, stapele sie mit einer Schicht Creme dazwischen übereinander, bestreiche die Torte rundum mit Creme und verziere sie mit Zuckerstreuseln. Stelle die Torte noch 1 Stunde kalt.

Ergibt eine Torte von 26 cm Durchmesser

ZUTATEN TEIG

240 ml ungesüßte Mandelmilch
1 EL Apfelessig
280 g Mehl
330 g Zucker
2 Pck. Vanillezucker
75 g Backkakao
2 TL Backpulver
1½ TL Natron
1 TL Salz
120 ml weiches Kokosöl
160 ml Apfelmark
240 ml kochendes Wasser

ZUTATEN CREME

115 g Backkakao
325 g weiche vegane Butter
(z. B. Alsan oder Margarine)
430 g Puderzucker
2 Pck. Vanillezucker
60 ml ungesüßte Mandelmilch

Samuel wird seinen Lieblings-
Bananenkuchen backen.
Beim Karamellisieren des Zuckers
hilft ihm seine Schwester Esther.

GESTÜRZTER BANANEN-KUCHEN mit KARAMELL

Ergibt einen Kuchen von 23 cm x 33 cm

ZUTATEN KARAMELL

100 g Butter
100 g brauner Zucker
5 Bananen

ZUTATEN TEIG

85 g Butter
2 Bananen
2 Eier (Größe L)
160 ml griechischer Jogurt
185 g Zucker
2 Pck. Vanillezucker
280 g Mehl
1 Pck. Backpulver
1 TL Salz

1.

Heize den Ofen auf 180 °C vor und fette eine Auflaufform von 23 cm x 33 cm. Zerlasse für die Karamell-Schicht mit Hilfe eines Erwachsenen die Butter in einem kleinen Topf auf dem Herd bei mittlerer Hitze und rühre den braunen Zucker ein. Koche die Mischung 2 Minuten unter ständigem Rühren und gieße sie dann in die Form.

2.

Halbiere die 5 Bananen der Länge nach und lege sie mit den Schnittflächen nach unten auf den Karamell.

3.

Zerlasse wie zuvor mit Hilfe eines Erwachsenen die Butter für den Teig. Zerdrücke die zwei Bananen mit einer Gabel und vermenge Butter, Bananen, Eier, Jogurt, Zucker und Vanillezucker in einer großen Schüssel.

4.

Mische in einer anderen Schüssel Mehl, Backpulver und Salz. Gib die Mehlmischung zur Eimischung und rühre alles zu einem glatten Teig, den du gleichmäßig über den Bananen in der Form verteilst. Backe den Kuchen 30 Minuten hellbraun. Wichtig: Bevor du den Kuchen auf eine Platte stürzen kannst, muss er völlig ausgekühlt und der Karamell fest geworden sein. Das dauert etwa 1–2 Stunden.

Helen liebt es, Essen schön anzurichten. Sie verziert ihre Törtchen mit frischen Früchten und essbaren Blüten wie Stiefmütterchen und Veilchen.

MARMELADEN-TÖRTCHEN

Ergibt 8-10 Törtchen

ZUTATEN TEIG

230 g **Mehl**
110 g **Butter, in Stücken**
1 Prise **Salz**
2-3 EL **kaltes Wasser**

ODER

1 Rolle **frischer Mürbe-, Quiche- oder Tarteteig aus dem Kühlregal**

ZUTATEN FÜLLUNG

Marmelade oder Lemon Curd

ZUM VERZIEREN

frisches Obst, Schlagsahne oder essbare Blüten

1.

Heize den Ofen auf 180 °C vor und fette deine Förmchen. Du kannst einzelne Tartelette-Förmchen von 10 cm Durchmesser oder ein 12er-Muffinblech benutzen. Wenn du Fertigteig nimmst, überspringe Schritt 2.

2.

Gib Mehl, Butterwürfel und Salz in eine Schüssel. Verknete alles schnell und sanft mit den Händen, bis die Mischung krümelig ist. Füge das kalte Wasser esslöffelweise hinzu und knete ganz kurz weiter, um alles zu einem Teig zu verbinden. Lass den Teig in Frischhaltefolie gewickelt 15-30 Minuten ruhen.

3.

Entferne die Folie und lege den Teig auf eine leicht bemehlte Fläche. Rolle ihn mit dem Nudelholz ½ cm dick aus — oder packe jetzt den Fertigteig aus. Stich mit einem Glas oder einer Tasse Kreise von 10 cm Durchmesser aus. Lege die Kreise in die Tartelette-Formen oder die Mulden des Muffinblechs und drücke sie sanft an.

4.

Fülle die Förmchen bis ½ cm unter den Teigrand mit Marmelade und backe sie 15 Minuten. Lass die Törtchen abkühlen, bevor du sie aus den Förmchen löst. Serviere sie so oder verziere sie mit Obst, Sahne und essbaren Blüten.

Sophia und Isabelle bereiten kurz vor dem Schulfest
ein englisches Schichtdessert mit Waffeln und
Ananas zu. Damit man alle Schichten gut sehen kann,
servieren sie das Dessert in kleinen Gläsern.

MINI-ANANAS-TRIFLES

Ergibt 6 Gläser

ZUTATEN

1 Dose **Ananas** (340 g Abtropfgewicht)
225 g **Frischkäse**
60 g **Schlagsahne mit Vanillezucker aufgeschlagen** (oder Sprühsahne)
100 g **Vanille-Neapolitaner**

1.

Schütte die Ananas in ein Sieb und fange den Saft dabei auf. Schneide die Früchte gegebenenfalls noch in mundgerechte Stücke, zerbrösele so viele Neapolitaner, bis du 60 g grobe Brösel zusammen hast.

2.

Rühre den Frischkäse in einer mittelgroßen Schüssel mit 2 Esslöffeln Ananassaft glatt. Gib die Hälfte der Ananasstücke dazu. Hebe vorsichtig die geschlagene Sahne unter, aber rühr nicht zu lange!

3.

Fülle jetzt deine Gläser in dieser Reihenfolge: 1 Esslöffel Keksbrösel, dann 1 Esslöffel Frischkäsecreme und 1 Esslöffel Ananasstücke — bewahre noch 6 schöne Ananasstücke für die Garnitur auf. Wiederhole noch ein oder zwei Schichten, bis alle Gläser gleichmäßig gefüllt sind. Verziere das Dessert mit Schlagsahne, Ananas und einem ganzen Neapolitaner. Serviere alles sofort, weil die Neapolitaner sonst matschig werden.

Zahira backt indische Nankhatai-Kekse
nach dem Rezept ihres Großvaters.
Er hat ihr beigebracht, immer das
ganze Rezept zu lesen, bevor sie
anfängt zu backen.

KARDAMOM-KEKSE

1.

Heize den Ofen auf 160 °C vor. Vermische alle trockenen Zutaten, also Mehl, Kichererbsenmehl, Grieß, Puderzucker, Salz und Kardamom in einer großen Schüssel.

2.

Füge Ghee (oder Butterschmalz) dazu und knete alles von Hand, bis du einen weichen Teig erhältst. Sollte er zu klebrig sein, arbeite noch ein wenig Mehl hinein.

3.

Teile den Teig in 16-18 gleichgroße Stücke und rolle diese zu weichen Kugeln. Drück die Kugeln etwas platt und lege sie mit Abstand zueinander auf ein mit Backpapier ausgelegtes Backblech. Drücke mit deinem Daumen eine kleine Kerbe in die Mitte jeder Kugel und stecke ein paar Pistazienstücke hinein.

4.

Backe die Kekse 12-15 Minuten. Sie sollen sehr hell bleiben. Lass sie komplett abkühlen, bevor du sie anfasst. Sie zerbröseln sehr leicht.

Ergibt 16-18 Kekse

ZUTATEN TEIG

140 g **Mehl**

45 g **Kichererbsenmehl**

2½ TL **Hartweizen-Grieß**

55 g **Puderzucker**

1 Prise **Salz**

1 TL **gemahlener Kardamom**

150 g **Ghee** (Asia-Laden oder Butterschmalz)

ZUM VERZIEREN

gehackte Pistazien

Hanna unterstützt ihre Freundin Lilly nach dem Fußballtraining beim Backen der Apfel-Muffins.

APFEL-MUFFINS

1.

Heize den Ofen auf 195 °C vor. Schmelze die Butter mit Hilfe eines Erwachsenen in einem kleinen Topf auf dem Herd bei kleiner Hitze, lass sie wieder abkühlen.

2.

Vermische in einer Schüssel Mehl und Backpulver. Schlage in einer großen Schüssel mit dem Mixer Zucker, Vanillezucker, Eier und Salz hell auf – lass dir von einem Erwachsenen helfen. Rühre Milch und die abgekühlte Butter ein und mische dann das Mehl in den Teig.

3.

Schäle, entkerne und würfele die Äpfel mit Hilfe des Erwachsenen. Mische sie vorsichtig mit dem Teig, so dass sie alle ganz von Teig umhüllt sind.

4.

Lege 10 Mulden des 12er-Muffinblechs mit Papierförmchen aus und verteile den Teig gleichmäßig in den 10 Förmchen. Backe die Muffins 18 Minuten goldgelb. Ein Holzzahnstocher, in die Mitte gestochen, muss wieder sauber herauskommen. Nach Wunsch mit Puderzucker bestäuben.

Ergibt 10 Muffins

ZUTATEN

30 g Butter
70 g Mehl
1 TL Backpulver
60 g Zucker
2 Pck. Vanillezucker
2 Eier (Größe L)
1 Prise Salz
90 ml Milch
3 mittelgroße Äpfel
(z.B. Elstar oder Cox Orange)
Puderzucker

Sakura hat den ganzen Nachmittag
Mochi zubereitet. Das ist ein beliebtes
japanisches Dessert aus Reismehl, für
das sie frische Erdbeeren verwendet.

ERDBEER-REISKUCHEN

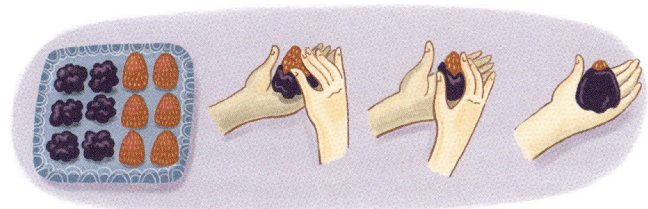

Ergibt 6 Mochi. Wenn du mehr Mochi machen möchtest, solltest du mehrmals kleinere Mengen (also 6 Stück) nacheinander zubereiten.

ZUTATEN

6 mittelgroße Erdbeeren
150 g süße Rote-Bohnen-Paste (Asia-Laden)
100 g Klebreismehl (Asia-Laden)
1½ EL Zucker
150 ml Wasser
50 g Maisstärke

1.

Wasche und trockne die Erdbeeren und entferne das Grün. Rolle die Bohnenpaste zu 6 gleich großen Kugeln, drücke sie flach und umhülle damit je eine Erdbeere. Da die Paste sehr klebrig ist, solltest du nach jeder Erdbeere die Hände waschen und abtrocknen.

2.

Vermische in einem mittelgroßen Topf Reismehl und Zucker. Gieße unter ständigem Rühren das Wasser hinzu, bis eine dickflüssige, glatte Masse entsteht. Stelle den Topf mit Hilfe eines Erwachsenen bei mittlerer Hitze auf den Herd und rühre den Teig, bis er anfängt, durchsichtig zu werden.

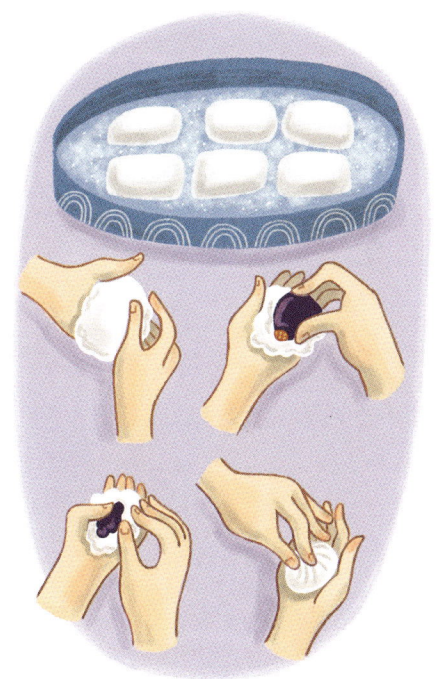

3.

Bestäube ein Küchenbrett mit der Stärke, streiche den Teig darauf und wende ihn in der Stärke, wodurch er weniger klebrig wird. Teile den Teig in 6 Portionen und forme diese zu Scheiben von 8 cm. Umhülle nun nacheinander die pastenüberzogenen Erdbeeren komplett mit Teig und kneife offene Stellen sorgfältig zusammen.

Iss die Mochi innerhalb von 2 Tagen auf. Du darfst Mochi nur in kleinen Bissen essen, nimm sie niemals ganz in den Mund, denn sie könnten dir im Hals stecken bleiben und das wäre gefährlich.

Layla hat noch nie selbst einen
Basbousa-Kuchen gebacken.
Aber sie hat ihrer Mutter schon
so oft dabei zugeschaut, dass
sie sich zutraut, es heute
— bis auf den Sirup —
alleine zu
schaffen.

BASBOUSA-KUCHEN

1.

Heize den Ofen auf 180 °C vor. Bedecke den Boden der Springform mit Backpapier (klemme es am besten mit dem Ring ein) und fette den Rand der Form ein.

2.

Vermenge in einer großen Schüssel alle trockenen Zutaten. Füge Jogurt und Eier hinzu und rühre alles zu einem glatten Teig, den du 20-25 Minuten backst. Ein in die Mitte gestochener Holzzahnstocher muss sauber wieder herauskommen.

3.

Inzwischen stellst du mit der Hilfe eines Erwachsenen den Sirup her. Gib Zucker und Wasser in einen kleinen Topf und koche das Gemisch bei großer Hitze, bis sich der Zucker aufgelöst hat, dann weitere 10 Minuten einkochen lassen. Füge Zitronensaft hinzu und lass den Sirup abkühlen.

4.

Nach dem Backen, lässt du den Kuchen in der Form und gießt den Sirup über die gesamte Oberfläche. Wenn du magst, verzierst du ihn mit Pistazien und Kokosflocken. Lass den Kuchen in der Form auskühlen, am besten über Nacht.

Für einen Kuchen von 26 cm Durchmesser

ZUTATEN TEIG

330 g Weichweizengrieß
280 g Mehl
160 g Kokosraspel
380 g Zucker
2 Pck. Vanillezucker
1 TL Salz
2 TL Backpulver
250 g Jogurt, 3,5 % Fett
3 Eier (Größe L)

ZUTATEN SIRUP

250 g Zucker
300 ml Wasser
1 TL Zitronensaft

ZUM VERZIEREN

gehackte Pistazien und Kokosraspel

Jamie probiert gern glutenfreie
Rezepte aus und wird einen Familien-
Lieblingskuchen zum Fest mitbringen.

GLUTENFREIER KAROTTEN-KUCHEN

1.

Heize den Ofen auf 180 °C vor. Fette und mehle die Kastenform und lege den Boden und die Seiten jeweils mit Backpapierstreifen aus, die sich überlappen.

2.

Verrühre mit dem Schneebesen Eier, Zucker, Vanillezucker, Ahornsirup und Kokosöl. Füge dann die zwei Mehlsorten, Backpulver, Gewürze und Salz hinzu und rühre alles glatt. Hebe die Karotten (und eventuell noch Rosinen und Walnüsse) vorsichtig unter den Teig und fülle den Teig in die Backform.

3.

Backe den Kuchen 40–45 Minuten. Ein in die Mitte gestochener Holzzahnstocher muss sauber wieder herauskommen. Lass den Kuchen in der Form auskühlen, bevor du ihn herausnimmst. Wenn du eine Glasur magst, verquirle alle Zutaten miteinander, aber gib die Mandelmilch nur löffelweise zu, bis eine flüssige Paste entsteht. Verteile die Glasur über dem Kuchen.

Ergibt eine kleine Kastenform von 20 cm Länge

ZUTATEN TEIG

4 Eier (Größe L)

100 g Zucker

1 Pck. Vanillezucker

2 EL Ahornsirup

80 ml weiches Kokosöl

160 g Mandelmehl

30 g Kokosmehl

1½ TL glutenfreies Backpulver

1 TL Zimt

¼ TL geriebene Muskatnuss

1 Msp. Nelkenpulver

1 Prise Salz

110 g Karotten, fein geraspelt

100 g Rosinen (nach Wunsch)

65 g gehackte Walnüsse (nach Wunsch)

ZUTATEN GLASUR

55 g Puderzucker

1 EL Ahornsirup

1-2 EL Mandelmilch

Der Kuchenstand ist
großartig — noch viel besser,
als Hanna erwartet hatte!
Sie ist sehr stolz auf das,
was ihre Freunde und sie
geschafft haben.

Kuchenverkauf für die Bibliothek

BEVOR DU ANFÄNGST ZU BACKEN

Wasch dir immer die Hände und achte darauf, dass deine Arbeitsfläche sauber ist.

Lies das Rezept einmal von Anfang bis Ende durch und frage einen Erwachsenen, wenn dir etwas nicht klar ist. Lass dir Zeit!

Stell dir alle Zutaten, Schüsseln und Küchenzubehör bereit, damit du während des Backens nichts suchen und unterbrechen musst.

Heize den Ofen immer bei Ober-/Unterhitze vor und bereite deine Backformen oder -bleche wie beschrieben vor.

Backen erfordert exakte Mengen, deshalb musst du die Zutaten sorgfältig abwiegen und abmessen. Misst du trockene Zutaten und Gewürze mit Löffeln ab, häufe sie nicht. Achte bei Flüssigkeiten darauf, sie genau bis zum gewünschten Maßstrich im Messbecher zu füllen.

Überspringe keinen Anleitungsschritt und lass keine Zutat einfach weg. Beim Backen muss man sehr genau vorgehen, sonst kann das Ergebnis misslingen.

Sei vorsichtig bei der Benutzung von Messern, Sparschälern, Reiben und Mixern. Frag einen Erwachsenen um Hilfe, wenn du diese Küchenwerkzeuge einsetzt.

Sei ebenfalls vorsichtig, wenn du am Herd oder Ofen arbeitest. Benutze immer Ofenhandschuhe oder Topflappen und bitte einen Erwachsenen dir mit diesen Geräten zu helfen.

Frag einen Erwachsenen, wenn du dir nicht sicher bist, ob dein Gebäck fertig gebacken ist.

Halte dich an die Anweisungen im Rezept, wenn der Kuchen erst nach dem Abkühlen aus der Form oder vom Blech zu nehmen ist.

Wenn du mit dem Backen fertig bist, mach die Küche wieder sauber und räume alle restlichen Zutaten weg.

Viel Spaß beim Backen und Verzieren.

Es macht übrigens doppelten Spaß, wenn man gemeinsam mit Freunden und der Familie das Ergebnis seiner Arbeit teilt!

© 2021, Prestel Verlag, München · London · New York
in der Penguin Random House Verlagsgruppe GmbH
Neumarkter Straße 28 · 81673 München
© Illustrationen und Texte: Cynthia Cliff, 2021

Aus dem Englischen von Ute Löwenberg

Projektleitung: Doris Kutschbach
Lektorat: Petra Puster
Herstellung und Satz: Susanne Hermann
Lithografie: Reproline Mediateam
Druck und Bindung: DZS Grafik d.o.o.
Papier: Tauro Offset

Wir produzieren
klimaneutral
ClimatePartner.com/14044-1912-1001
Druckprodukt

Bei diesem Buch wurden die durch das verwendete Material und
die Produktion entstandenen CO_2-Emissionen ausgeglichen, indem der
Prestel Verlag ein Projekt zur Aufforstung in Brasilien unterstützt.

Weitere Informationen zu dem Projekt unter:
www.ClimatePartner.com/14044-1912-1001

MIX
Papier aus verantwor-
tungsvollen Quellen
FSC® C106600

Penguin Random House Verlagsgruppe FSC® N001967
Printed in Slovenia
ISBN 978-3-7913-7459-8

www.prestel-junior.de